PACIFICATION

DU

HAUT TONKIN

HISTOIRE DES DERNIÈRES OPÉRATIONS MILITAIRES

COLONNES DU NORD (1895-1896)

PAR

le Capitaine MORDACQ

BREVETÉ D'ETAT-MAJOR

PARIS

LIBRAIRIE MILITAIRE R. CHAPELOT ET Ce

IMPRIMEURS-EDITEURS

SUCCESSEURS DE L. BAUDOIN

30, Rue et Passage Dauphine, 30

1901

PACIFICATION

DU

HAUT TONKIN

HISTOIRE DES DERNIÈRES OPÉRATIONS MILITAIRES

COLONNES DU NORD (1895-1896)

PAR

le Capitaine MORDACQ

BREVETÉ D'ÉTAT-MAJOR

PARIS

LIBRAIRIE MILITAIRE R. CHAPELOT ET Cᵉ

IMPRIMEURS-ÉDITEURS

SUCCESSEURS DE L. BAUDOIN

30, Rue et Passage Dauphine, 30

1901

PACIFICATION DU HAUT TONKIN

Histoire des dernières Opérations militaires.

COLONNES DU NORD (1895-1896)

Depuis l'affaire de *Khau-Coc*, 21, 22 et 23 janvier 1896, la pacification du *Tonkin* est complète, et l'on peut dire que plus un coup de fusil n'y a été tiré. Tout au plus, de temps à autre, les journaux nous apportent-ils la nouvelle de quelque méfait, commis par un de ces « voleurs de vaches » communs à tous les pays, quelle que soit leur latitude.

Cette pacification a nécessité treize années : 1883-1896, longue période pendant laquelle nos troupes, sans trêve ni répit, n'ont cessé de relancer les bandes chinoises. De nombreuses brochures ont été publiées sur ces opérations : tout récemment encore, le colonel *Famin*, le commandant *Chabrol* et le général *Gallieni* ont relaté les principaux faits de cette guerre dans la brousse; mais ces publications s'arrêtent à 1895 et les dernières péripéties de cette longue lutte n'ont pas été publiées. Cependant, c'est au cours de cette période (décembre 1895 à mai 1896) que nos troupes portèrent les derniers coups à la piraterie, qui d'ailleurs ne s'en releva pas; période d'autant plus intéressante, en dehors même de son côté glorieux, que dans l'organisation des colonnes, dans la tactique de marche, de stationnement et de combat furent appliqués tous les principes enseignés et consacrés par l'expérience du passé.

Étudier les colonnes du Nord, c'est donc se faire une idée des plus exacte de la façon d'opérer dans les régions montagneuses de la *Chine :* les résultats obtenus sont les sûrs garants de l'efficacité des moyens employés.

En dehors de ce point de vue historique, d'autres considérations nous ont poussé à publier le récit de ces opérations.

Sans doute le *Tonkin* est pacifié, mais l'ère des difficultés avec la *Chine* n'est pas close : sans être prophète, il est facile de prévoir que l'heure du démembrement de la Chine ne saurait tarder à sonner. Peut-être à ce moment-là, la France ne se contentera-t-elle plus de la simple rade de *Quan-Tchéou-Van* et réclamera-t-elle, tout au moins, comme sa part légitime, la région qui s'étend jusqu'au *Si-Kiang*.

Or, cette prise de possession nous conduira forcément à entrer en lutte avec les « rebelles » quelconques que les mandarins ne manqueront pas de susciter et d'organiser, même s'ils n'existent pas, et cela dans des régions montagneuses, absolument analogues à celles où ont opéré les colonnes du Nord. Les affaires de *Quan-Tchéou-Van*, ainsi que les événements actuels, montrent en effet, qu'en terre chinoise, le dernier mot n'est pas dit après les négociations à *Pékin,* et qu'il faut encore « faire parler la poudre » pour une prise de possession effective.

En ce moment même nos troupes opèrent en *Chine,* dans une contrée qui, sans doute, diffère sensiblement de la haute région du *Tonkin,* mais l'adversaire est le même ; il est donc intéressant de se rendre compte comment on le combat.

Voilà pourquoi nous avons cru rendre service, au double point de vue historique et militaire, en entreprenant le récit des colonnes du Nord qui ont été préparées et conduites d'une façon particulièrement méthodique.

Nous avons l'intention de ne donner qu'un récit très succint des opérations militaires, mais de nous étendre très longuement sur la partie organisation proprement dite, qui, dans toute guerre coloniale, joue un rôle capital et qui constitue le côté didactique par excellence de ce récit.

En ce qui concerne la tactique, nous glisserons très rapidement ; les grands principes de la guerre sont vrais sous toute

LA RIVIÈRE CLAIRE A TUYEN-QUANG

latitude, et nous nous bornerons simplement à signaler les quelques particularités dues au genre d'adversaire et à la nature du pays.

Exposé de la situation à la fin de 1895, après les colonnes du général Gallieni.

Vers 1893, après dix ans de lutte contre les pirates, l'on reconnut qu'en présence d'adversaires aussi tenaces, il fallait absolument renoncer à ce que l'on pourrait appeler « la guerre de courses », consistant à lancer contre une bande signalée dans une région les commandants des postes voisins, opérant chacun isolément. Ces derniers, réunissant 80 à 100 fusils au maximum, se mettaient aussitôt à la poursuite de la bande, l'atteignaient quelquefois, lui livraient généralement un combat heureux, puis rentraient, et, quelques jours après, l'on apprenait qu'un village venait d'être pillé et brûlé dans la région voisine.

Bien souvent aussi, ces commandants de poste se heurtaient à une grosse résistance et se voyaient forcés de rentrer derrière leurs palissades.

On recourut ensuite à la guerre « d'escadres », aux grosses colonnes qui, tout en ayant plus de rayonnement, en nettoyant une étendue beaucoup plus considérable, n'eurent guère plus de succès.

C'est alors que l'on appliqua la méthode exposée par le général Gallieni dans ses différents rapports et qui peut se résumer en deux lignes : « disperser les agglomérations avec de grosses colonnes, puis organiser le pays conquis ».

D'aucuns ont prétendu que le général ne l'avait pas inventée : évidemment, *nihil novi sub sole*, mais le premier, il l'a appliquée à fond, et partout, au *Tonkin* comme à *Madagascar*, les résultats sont venus démontrer son efficacité.

A cette époque (1895), les grosses bandes chinoises s'étaient concentrées dans les 2e et 3e territoires : La faiblesse des effectifs, pour un pays aussi vaste que le *Tonkin*, ne permettant pas de prendre à la fois l'offensive dans les deux territoires, l'état-major décida de commencer par le 2e (*Lang-Son*) et de se tenir provisoirement sur la défensive dans le 3e (*Tuyen-Quang*).

Ce plan fut méthodiquement suivi. Les trois colonnes, conduites par le général Gallieni (fin 1895), eurent pour résultat de chasser complètement les Chinois du 2e territoire, dont l'organisation fût aussitôt complétée, de façon à empêcher tout retour offensif de ces derniers. Malheureusement, entre les 2e et 3e territoires, se trouvait une région occupée par des chefs pirates soumissionnaires (dont le fameux *Luong-Tam-Ky*), grave faute politique commise par un gouverneur de *l'Indo-Chine;* aussi les bandes, au lieu de fuir en *Chine,* trouvèrent-elles tout naturel, et surtout très avantageux, de se réfugier dans cette zone neutre d'où, une fois ravitaillées, elles pouvaient aller se joindre aux bandes du 3e territoire.

Quoiqu'il en soit, la première partie du plan était réalisée ; il restait à passer à la seconde qui, par suite de cette dernière circonstance, en devenait d'autant plus délicate.

Description rapide du 3e territoire.

Une description rapide du 3e territoire, tel qu'il était constitué à cette époque, facilitera considérablement la lecture de la suite de cet exposé.

En décembre 1895, il comprenait les bassins de la *Rivière-Claire* et du *Song-Gam,* tous deux affluents du fleuve Rouge, navigables sur la plus grande partie de leur cours au moment de la saison des pluies, mais semés d'une infinité de rapides qui rendaient la navigation des sampans (longs bateaux à fond plat) particulièrement difficile. Nous verrons plus loin que ces deux cours d'eau rendirent néanmoins les plus grands services aux colonnes, en tant que lignes de communications, pour les ravitaillements et les évacuations.

Toute cette région offre sensiblement les mêmes caractères : montagneuse, rocheuse, couverte de forêts épaisses, ne disposant comme chemins que des vallées, des rivières ou des arroyos eux-mêmes, ou bien encore des pistes frayées par les troupeaux d'éléphants ; bref, présentant les plus grandes difficultés pour la marche des colonnes de gros effectif.

Tous nos postes, naturellement, jalonnaient ces voies navigables, abritant les villages où était venue se réfugier la population de toute cette région, sans cesse parcourue par les bandes.

Le commandant du territoire, M. le lieutenant-colonel *Vallière*, résidait à *Tuyen-Quang*, siège du territoire qui comprenait les cercles de *Ha-Giang* et *Bac-Quang*, divisés eux-mêmes en secteurs, postes, etc.; bref, très bien organisé au point de vue théorique, mais, vu le manque d'effectif, complètement paralysé par les bandes dans tout effort pour se donner de l'air.

Les bandes chinoises dans le 3ᵉ territoire à la fin de 1895.

Nous avons vu précédemment que les bandes chinoises, dispersées et pourchassées par le général Gallieni, s'étaient réfugiées en partie dans la région de *Chu-Chu*, située entre les deux territoires, auprès du chef soumissionnaire *Luong-Tam-Ky*. Elles étaient commandées par *Ba-Ky*, chef pirate qui, lui aussi, avait autrefois fait sa soumission et qui naturellement trouvant l'occasion favorable avait immédiatement repris la brousse. Ce dernier, pour des raisons que nous ignorons, donnait bientôt l'ordre à ses hommes de se diriger sur le *Dong-Quan*, pays situé au nord du 3ᵉ territoire et qu'occupait un autre chef pirate, véritable roi du pays, le fameux *A-Coc-Thuong* (ex-soumissionnaire également).

Luong-Tam-Ky, pensionné par le protectorat, dans un pays où il régnait en maître absolu, prélevant tous les impôts qu'il lui plaisait, ne demandait qu'à ne pas être troublé dans sa douce quiétude attendant lui aussi « l'heure ».

Il trouva sans doute qu'elle n'était pas venue, car il ne fit rien pour retenir Ba-Ky et même l'engagea fortement à quitter le pays.

Quant à A-Coc-Thuong, pressenti au sujet de cet exode, il consentait bien à recevoir les fugitifs, ce qui allait mettre sous ses ordres toutes les forces de la piraterie, et faire de lui un très grand chef; mais craignant d'autre part que ces nouveaux arrivants n'épuisassent le *Dong-Quan*, il ordonnait d'en laisser une partie au sud de *Bac-Mé*.

Vers la même époque deux chefs soumissionnaires du 3ᵉ territoire, *Mac-Qué-An* et *Lé-Chi-Tuan*, reprenaient la brousse et allaient s'établir au nord-ouest de *Ha-Giang* dans le repaire de *Lang-Man*.

Cette révolte mit le feu aux poudres et fut le signal d'une offensive générale.

A ce moment le commandant du 3ᵉ territoire reçut des renseignements venant du 4ᵉ, et d'après lesquels des bandes chinoises du *Yunnan*, commandées par un chef bien connu : *Nguyen-Trien-Trung*, devaient envahir le Tonkin par la vallée du *Song-Con* et rejoindre, vers *Vinh-Thuy*, *A-Coc-Thuong* opérant du nord au sud.

Il semblait donc que cette fois il y eût plus qu'une entente entre les chefs pirates, mais un véritable plan d'invasion. C'est d'ailleurs ce que d'autres renseignements venus par « la voie ordinaire » donnaient à entendre. Depuis quelque temps nos émissaires signalaient parmi les bandes les allées et venues d'un certain annamite *Tran-Tong-Thong*, que l'on représentait comme un agent de *Thuyet*, le fameux ministre et fidèle serviteur du roi déchu *Ham-Nghi*. Cet annamite, disaient-ils, poussait fortement A-Coc-Thuong à marcher vers le sud, à pénétrer dans le 3ᵉ territoire où les Français n'osaient même pas sortir de leurs postes.

Ces renseignements évidemment n'ont pu être contrôlés, mais dans toutes les proclamations adressées à la population de la haute région par A-Coc-Thuong ou les chefs pirates, ceux-ci les dataient toujours « le « tant » du règne de Ham-Nghi » et s'intitulaient les « lieutenants du roi prisonnier ».

Nous avons quelque peu insisté sur cette question, qui présente un certain intérêt au point de vue historique, et jette un jour tout particulier sur la piraterie au Tonkin.

Très souvent d'ailleurs nous avons été trés étonnés de la bravoure, de la fidélité et du dévouement à leur chef de certains pirates, et pensé que ces derniers, pour se conduire ainsi, devaient être animés d'un tout autre sentiment que celui du pillage.

C'était donc une véritable invasion, que confirmaient les mauvaises nouvelles suivantes reçues coup sur coup.

1º A-Coc-Thuong venait d'envoyer 300 hommes occuper la riche rizière de *Tong-Ba-Xa* à 6 heures de *Ha-Giang* ;

2º 200 Chinois avaient franchi la frontière et brûlé notre poste *Na-Cho-Caï* ;

CHEF PIRATE

3⁰ Une grosse bande avait envahi le *Nam-Quang* et s'était ins-
tallée à *Lung-Men ;*

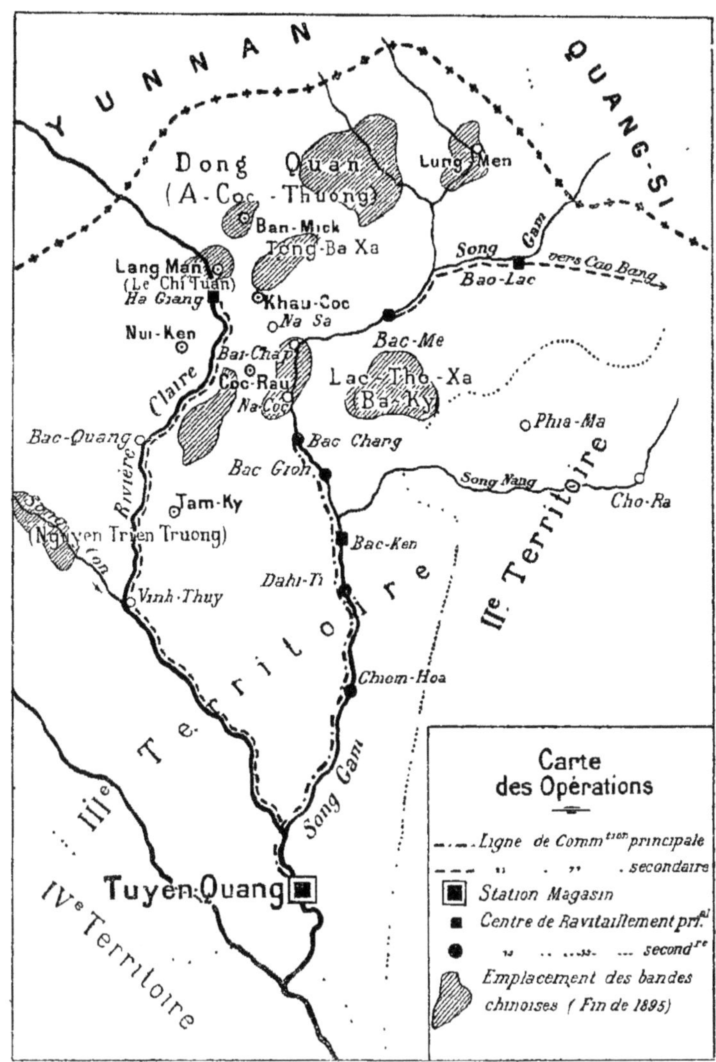

4⁰ Les bandes venant de *Cho-Chu*, et établies au sud de *Bac-
Mé*, n'avaient pas tardé à épuiser les ressources de la région et
étaient venues s'installer entre *Baï-Chap* et *Na-Coc ;*

Mordacq.   *

5° 600 *Chinois* avaient mis le siège devant *Ban-Mick*, gros village situé à une journée de marche au nord de *Ha-Giang* ;

6° Les coureurs de toutes ces bandes étaient venus sous les palissades mêmes du poste de *Ha-Giang*, attaquer le marché ;

7° Les Chinois continuant leur marche vers le sud, commençaient à dévaster les vallées du *Ngoï-Tao* et du *Ngoï-Rau* au sud de la ligne *Ha-Giang—Bac-Mé*.

Ces événements se passaient vers la fin du mois d'octobre 1895.

Malgré toutes ces mauvaises nouvelles, le commandant du territoire, manquant de troupes, ne pouvait agir, devant attendre pour être renforcé la fin des opérations dans le 2e territoire, et se bornait à faire surveiller très étroitement les bandes afin, le moment venu, de pouvoir frapper à coup sûr.

COLONNES DU NORD.

Leur organisation.

A ce moment (fin novembre 95), le commandant du territoire fut informé que les opérations du *Yen-Thé* étant terminées, des colonnes allaient être organisées pour chasser les bandes chinoises du 3e terrritoire.

Les forces qui devaient opérer se composeraient :

1° D'une première colonne formée par les troupes du 3e territoire ;

2° D'une deuxième, toute constituée, venant d'opérer dans le *Yen-Thé* ;

3° D'une troisième fournie par le cercle de *Cao-Bang* (2e territoire).

Le total des combattants se monterait à 1700 hommes environ.

Le colonel Gallieni dirigerait les opérations qui devaient commencer dans les premiers jours de janvier. Il aurait pour mission de nettoyer le pays entre le *Song-Gam* et la *Rivière-Claire*, puis de dégager les environs de *Ha-Giang* jusqu'à *Khau-Coc*, *Ban-Mick* et *Quan-Ba*.

Telles étaient les instructions officielles, mais il était bien entendu que, si on le pouvait, il fallait en finir cette fois avec les Chinois et les rejeter au delà de la frontière.

Premières mesures

Dans l'organisation de ces colonnes, la première question qui se posait était celle du ravitaillement qui allait devenir assez délicat en raison :

1° Du nombreux personnel qui arrivait dans le territoire ;

2° De la longue durée probable des opérations ;

3° De la distance considérable qui allait séparer la zone d'opérations de la base de ravitaillement (le Delta).

Ainsi qu'il a été dit précédemment, le premier objectif de ces opérations devait être de chasser les Chinois de la région comprise entre le *Song-Gam* et la *Rivière-Claire*. Mais avant d'aborder l'ennemi, il fallait se concentrer ; les deux colonnes étrangères au territoire arrivant de l'est, la zone de concentration était toute indiquée : à l'est du *Song-Gam*, et corollaire naturel, le *Song-Gam* devenait la ligne de communications principale.

Les opérations allaient se dérouler en pays de montagne ; en Asie comme en Europe l'organisation du ravitaillement dans ce cas repose sur les mêmes principes : centres de ravitaillement principaux au croisement des grandes vallées, centres secondaires dans les vallées moins importantes, ces différents magasins tirant leurs ressources de la base de ravitaillement.

Les routes et les chemins n'existant pas dans ces régions couvertes de forêts ou de brousse impénétrables, on y suppléait en utilisant les voies fluviales.

C'est la méthode qui va être appliquée. Dès les premiers jours de décembre, le commandant du territoire se rend lui-même à *Bac-Ken*, où il apprend des indigènes que le *Song-Gam* était navigable en pirogue jusqu'à *Na-Coc*. Il décide de constituer un centre principal de ravitaillement à *Bac-Ken* et des centres secondaires à *Dahi-Ti*, *Bac-Gion*, *Bac-Chang* et *Na-Coc*, où sont envoyés immédiatement de *Tuyen-Quang* (sorte de station-magasin) tous les approvisionnements disponibles.

Des ordres de détail assurent leur transport, ainsi que l'installation dans chacun des centres de ravitaillement de fours demontables, ou simplement de fours creusés dans l'argile.

Dans la suite des opérations ces fours rendirent les plus grands services aux colonnes, qui ne manquèrent pour ainsi dire jamais de pain.

Pour la seconde partie de l'expédition : opérations au nord de la ligne *Ha-Giang—Bac-Mé*, le poste de *Ha-Giang* deviendrait le centre principal de ravitaillement avec *Bac-Mé* et d'autres points à créer pendant la campagne, comme centres secondaires.

Les flotilles de sampans et de pirogues, pourvues d'escortes, commencèrent aussitôt à sillonner les deux lignes de communication *Song-Gam* et *Rivière-Claire* ; mais on était en pleine saison sèche, très peu d'eau dans les rivières, les convois mirent un temps considérable à atteindre leurs points terminus. Aussi fut-on obligé de créer une troisième ligne de communications, par terre celle-là, de *Cao-Bang* à *Bao-Lac*, qui fut surtout utilisée pour ravitailler la colonne qui venait du cercle de *Cao-Bang*.

Donc une ligne de communications principale : le *Song-Gam*, et deux secondaires : *Rivière-Claire* et voie de terre *Cao-Bang— Bao-Lac*.

En même temps l'ordre était envoyé aux autorités indigènes de rassembler un millier de coolies, destinés à la colonne formée dans le 3e territoire et aux différents services.

Composition et concentration des colonnes.

Sur ces entrefaites, le général *Duchemin*, commandant en chef le corps d'occupation du Tonkin, chargea le lieutenant-colonel *Vallière* de remplacer dans le commandement des colonnes le général Gallieni qui rentrait en France.

Le lieutenant-colonel fixa définitivement de la façon suivante la composition et les points de concentration des colonnes, appelées à opérer dans le nord du territoire.

ÉTAT-MAJOR : commandant les colonnes, lieutenant-colonel *Vallière* ; officier de renseignements : lieutenant *Mordacq* ; officier topographe : lieutenant *Tiersonnier* ; secrétaires ; interprètes ; ordonnances ; escorte, 30 tirailleurs : coolies, 40.

COLONNE N° 1 (commandant *Betboy*) : 150 légionnaires ; 270 tirailleurs ; 420 coolies.
Concentration à *Bac-Ken*.

LA GARDE DU DRAPEAU DE LA LÉGION

Colonne N° 2 (commandant *Nouvel*) : 160 légionnaires ; 300 tirailleurs ; 1 section d'artillerie ; 720 coolies.
Concentration à *Yen-Tinh.*

Colonne N° 3 (lieutenant-colonel *Audéoud*) : 210 légionnaires ; 480 tirailleurs ; 1 section d'artillerie ; 1200 coolies.
Concentration à *Cho-Ra.*

Services administratifs, service de santé, service des renseignements, service topographique, service des étapes, télégraphie et postes organisés à *Tuyen-Quang.*

Détail de l'organisation.

I. — LES COLONNES.

1° *Subdivision des colonnes en « groupes »*. — L'expérience des colonnes précédentes avait démontré qu'il y avait le plus grand intérêt, aussi bien au point de vue de la marche que du stationnement et du combat, à fractionner ces colonnes de 500 à 600 hommes en « groupes » de 150 fusils environ, dont 2/3 d'indigènes et 1/3 d'Européens, groupes absolument autonomes, munis de toutes les ressources nécessaires pour pouvoir être détachés, même pendant plusieurs jours, ayant donc à leur disposition immédiate leur train de combat et leur train régimentaire.

D'où la subdivision des colonnes en « groupes » ; toutefois la proportion précitée, en tant qu'indigènes et Européens ne fut pas absolument observée ; le nombre de ces derniers fut considérablement augmenté et cela pour les raisons suivantes :

1° La région où l'on allait opérer était particulièrement difficile et très éloignée de la base d'opérations ;

2° Les adversaires auxquels on allait avoir affaire étaient très nombreux, et tous de vieux routiers, qui lutteraient certainement en désespérés.

2° *Les colonnes en marche*. — Chaque groupe devait être immédiatement suivi de son train de combat (munitions, médicaments, coolies brancardiers) et de son train régimentaire (vivres d'ordinaire, deux jours de vivres d'administration, réserve de chaussures, bagages, matériel divers).

Derrière chaque colonne : l'ambulance, le convoi administratif (quatre jours de vivres) et le troupeau.

Chaque élément de train ou de convoi devait avoir son escorte particulière, mesure imposée dans ces régions montagneuses par la nécessité de marcher à la file indienne, et la tendance des pirates d'attaquer les convois.

En arrivant à l'étape, les trains de combat et trains régimentaires des groupes devaient bivouaquer avec leurs unités ; l'ambulance, les convois administratifs et le troupeau sur l'emplacement indiqué par le commandement. Près de l'ennemi, surtout si l'on prévoyait un engagement, les trains régimentaires avaient l'ordre de rejoindre les convois.

Actuellement en Europe on aurait une tendance à traîner le moins possible du bétail sur pied à la suite des armées ; abattu après d'assez grandes fatigues, il ne fournit pas une viande des plus appétissante. Au Tonkin les étapes sont plus courtes, surtout en pays de montagnes, 15 kilomètres en moyenne, aussi l'emploi du troupeau présente-t-il moins d'inconvénients. D'ailleurs il eût été difficile d'injecter la viande ou de la préparer au moyen d'appareils frigorifiques ou même encore, comme dans les postes, de la boucaner au soleil.

Les convois administratifs portèrent rarement plus de quatre jours de vivres, ce qui avec les deux jours sur l'homme et les deux jours du train régimentaire donnait un total de huit jours (dix jours pour les indigènes qui avaient sur eux quatre jours de riz comme vivres de réserve).

Un approvisionnement plus considérable eût allongé démesurément les colonnes, et exigé un nombre de coolies considérable, ce que le commandement préférait éviter, en augmentant le nombre des centres d'approvisionnement.

L'augmentation du nombre des coolies, outre la difficulté de s'en procurer, présente encore cet inconvénient qu'il faut nourrir ce nouveau personnel, et prendre de nouveaux coolies pour transporter ces vivres, et ainsi de suite. On a donc tout intérêt à réduire leur nombre au strict minimum.

D'une façon générale, dans la préparation d'une colonne, en

se basant sur les approvisionnements indiqués plus haut, il faut compter autant de coolies que de combattants, plus un tiers environ si la colonne est pourvue d'artillerie.

II. — LES SERVICES

1º *Services administratifs.* — Dirigés par un sous-commissaire des colonies (M. *Nesty*), assisté de magasiniers et de distributeurs, répartis dans les centres principaux et secondaires de ravitaillement.

L'organisation des convois, question capitale puisque l'on devait opérer dans les régions, sinon tout à fait inconnues, tout au moins dépourvues de ressources, fut des plus minutieuse.

Chaque coolie, avant le départ, reçut une marmite pour la cuisson du riz, l'indispensable coupe-coupe (plus connu sous le nom de sabre d'abatis) et une couverture que la rigueur de la saison allait rendre nécessaire pour les nuits de bivouac.

De plus, dans chaque colonne, furent distribués des brassards de couleurs différentes et portant les inscriptions indiquant le groupe auquel appartenait chaque coolie, ainsi que le numéro de ce dernier. Cette mesure donna d'excellents résultats et empêcha ces disparitions puis réapparitions de coolies, que l'on croyait déserteurs et qui s'étaient tout simplement trompés de groupe, d'où scènes de désordre le matin au départ.

Ils furent, de plus, solidement encadrés : 1 caï (sorte de caporal) pour 10 coolies, 1 doï (sergent) pour 50 coolies, doublés d'une escorte régulière fixée par le commandement, suivant les circonstances.

Les distributions de riz aux coolies ne durent être faites que tous les deux jours au maximum, et non, comme dans certaines colonnes précédentes, tous les huit ou dix jours, ce qui surchargeait ceux-ci d'autant et les poussait à consommer leur riz de réserve pour s'en débarrasser.

Les commandants de groupe furent invités à s'occuper tout particulièrement du bien-être de leurs coolies, qui allaient nous suivre dans une campagne s'annonçant longue et dangereuse. Défense formelle fut faite de les charger au delà de 25 kilogr., bien qu'ils fussent en majorité des Chinois, beaucoup plus forts, plus résistants que les Annamites ou les Thos.

2º *Service de santé.* — Directeur du service : un médecin-major, M. le docteur *Picquot,* emmenant avec lui une réserve de personnel et de matériel.

Chaque européen fut pourvu d'un pansement individuel.

Les commandants de groupe furent munis d'une cantine-pharmacie, portée par deux coolies, renfermant les médicaments et objets de pansement de première nécessité.

Comme personnel, les infirmiers habituels, remplissant ces fonctions dans les postes, et des coolis brancardiers (12 p. 100 de l'effectif du groupe) munis de brancards en bambous pour porter les malades ou blessés.

Une ambulance fut affectée à chaque colonne, comprenant, en tant que matériel, une réserve de médicaments et les quelques instruments de chirurgie indispensables pour les premières opérations du champ de bataille. Personnel : un médecin assisté d'un infirmier européen et de deux infirmiers indigènes provenant des hôpitaux ou ambulances.

En cas de combat, ces ambulances devaient s'établir dans le voisinage d'un arroyo et à proximité des troupes engagées, tout en se maintenant à l'abri de la mousqueterie ennemie.

Défense formelle aux troupes de s'occuper des tués avant la fin du combat, à moins que l'on ne soit obligé de battre en retraite.

Dans ce dernier cas, l'abandon des blessés serait considéré comme une faute grave contre l'honneur militaire, et le commandant de la troupe absolument responsable.

Toutes les évacuations devaient être faites par eau, *Rivière-Claire* ou *Song-Gam :* les malades ou blessés transportables dirigés immédiatement sur *Tuyen-Quang,* où se trouvait un hôpital très bien organisé ; les malades ou blessés non transportables et les blessés légers conservés dans les infirmeries d'étape (*Ha-Giang, Bac-Quang, Vinh-Thuy* sur la *Rivière-Claire ; Na-Coc, Bac-Ken, Dahi-Ti* sur le *Song-Gam*) jusqu'à ce qu'ils puissent être évacués.

Les transports par terre (sur des brancards en bambou) ne devaient avoir lieu que dans le cas d'absolue nécessité.

Sauf sur le lieu même du combat, les évacuations furent d'ailleurs presque toujours faites par eau, sur des sampans, et donnèrent d'excellents résultats.

FLOTTILLE DE SAMPANS POUR LE RAVITAILLEMENT ET LES ÉVACUATIONS

Malgré la traversée des rapides, les malades ou blessés furent relativement très peu secoués, condition bien difficile à réaliser sur terre.

3° *Télégraphie et postes.* — Les communications télégraphiques des colonnes avec la base d'opérations et le Delta furent assurées : jusqu'à *Bac-Ken* par la télégraphie optique, au delà de *Bac-Ken* au moyen de pigeons voyageurs, et enfin, dans la seconde partie de la campagne (région de *Ha-Giang*), par la télégraphie optique.

Les communications postales suivant le mode normal : par les « trams », courriers indigènes, marchant toujours par deux et remplacés successivement de poste à poste.

4° *Service des étapes.* — Les lignes de communications et la base de ravitaillement ont été déjà indiquées.

Directeur des étapes : un capitaine, résidant normalement à *Tuyen-Quang*, mais devant se déplacer sur les lignes de communications, suivant les circonstances.

Station-magasin : Tuyen-Quang, avec infirmerie-ambulance, services administratifs, services de l'artillerie et du génie, service des postes et télégraphes.

Têtes d'étapes de route devant varier suivant les déplacements des colonnes.

Gites principaux d'étapes : sur la *Rivière-Claire : Vinh-Thuy, Bac-Quang, Ha-Giang.*

Sur le *Song-Gam : Chiem-Hoa, Dahi-Ti, Bac-Ken*, avec infirmerie de poste et services administratifs.

Troupes d'étapes : les garnisons normales des postes désignés comme gites principaux d'étapes, et les troupes laissées dans ceux qui seraient créés.

4° *Service des renseignements.* — Il n'est pas besoin d'insister sur l'importance de ce service dans la campagne qui allait s'ouvrir.

Dirigé par l'officier de renseignements, il nécessite une patience considérable et une connaissance approfondie du pays, des mœurs et coutumes de ses habitants. L'indigène accepte assez facilement le métier d'émissaire, mais ne rapporte généralement que des renseignements assez vagues. Très fin, très politique, il craint de se compromettre et, pour employer une expression bien connue, ménage « la chèvre et le chou ».

Là, plus qu'ailleurs, l'argent est le nerf de la guerre, et l'appât de quelques piastres réussit assez souvent à délier les langues.

Dans certains cas, en sachant exploiter quelque vieille rancune, quelque haine comme les pirates s'en attirent forcément, on peut arriver à être assez bien renseigné. Mais d'une façon générale, les renseignements précis n'arrivent que lorsque l'on n'en a plus besoin, quand on est aux prises et que les pirates sont déjà en fuite.

5° *Service topographique.* — En raison des régions presque inconnues où allaient opérer les colonnes, il devenait indispensable de lever de nombreux itinéraires qui, suivant la méthode employée à cette époque, raccordés entre eux et à d'autres postérieurs, permettaient de constituer une carte approximative.

Dans chaque colonne fut désigné un officier topographe (lieutenant ou sous-lieutenant), mais qui, malgré ces fonctions, n'en conservait pas moins le commandement de sa troupe.

L'ensemble de ces travaux devait être coordonné par un officier attaché à l'état-major du commandant des colonnes, qui serait, en outre, chargé de lever les environs des régions où l'on ferait séjour, d'exécuter les projets de poste, etc. ; bref, qui s'occuperait uniquement de questions topographiques.

Instructions concernant la tenue de la troupe.

A ce sujet, le commandant des colonnes insistait sur les points suivants :

En raison des régions montagneuses et particulièrement difficiles ou les colonnes allaient avoir à opérer, il était indispensable d'alléger dans la plus large mesure possible l'équipement des hommes.

Les Européens ne prendraient pas le sac ; en dehors de leurs armes et de leurs munitions (140 cartouches dans les cartouchières de poitrine et de ceinturon) ils seraient porteurs de deux musettes (pour les deux jours de vivres et le linge de rechange) et d'un coupe-coupe.

Le coupe-coupe n'était pas réglementaire, mais il était absolument nécessaire pour la construction des gourbis, le soir au bivouac.

La tenue de rechange en flanelle serait roulée dans la couverture et le tout porté par des coolies (un coolie pour cinq Européens).

Même prescription pour les tirailleurs, si ce n'est l'affectation d'un coolie pour six au lieu de cinq et la défense formelle de leur faire porter plus de quatre jours de riz de réserve.

Le colonel recommandait également :

1° Les guêtres en toile roulées autour de la jambe, évitant à l'homme les piqûres de sangsue et les égratignures dans la brousse ;

2° Les sandales annamites ou chinoises comme chaussures de repos ;

3° Des tenues khakies, autant que possible neuves ; de nombreux lavages les rendant presque blanches et offrant ainsi aux Chinois des objectifs très visibles.

Instructions tactiques.

Les commandants des trois colonnes, ayant déjà opéré dans la haute région sous les ordres du lieutenant-colonel *Vallière,* et connaissant par cela même sa façon de diriger les opérations, ce dernier, dans ses instructions, se bornait à leur rappeler les principales recommandations qu'ils auraient à adresser à leurs chefs de groupe dans le cas où ceux-ci opéreraient isolément.

I. — En station, en marche et même au combat : se garder toujours à portée de fusil, et dans ce but occuper le plus possible les positions dominantes, tactique qui avait toujours réussi vis-à-vis des Chinois.

II.— En cas d'engagement, chercher à obtenir le résultat avec le minimum de pertes ; donc, de ne pas essayer d'enlever de front une position vigoureusement défendue, mais manœuvrer sur les flancs, un simple mouvement tournant suffisant généralement pour produire la retraite des Chinois.

III. — L'artillerie devait saisir toutes les occasions de soutenir l'infanterie ; faire en général un tir assez lent (en raison de la difficulté du ravitaillement), l'accélérer au moment de l'attaque, puis l'allonger pour atteindre les fuyards.

Plan d'opérations.

Le commandant des colonnes avait reçu l'ordre d'opérer tout d'abord contre les bandes qui tenaient le pays entre la *Rivière-Claire* et le *Song-Gam*, mais toute latitude lui était laissée sur les moyens à employer. Il pensa qu'au lieu de marcher directement contre elles, à travers une région presque impraticable pour des colonnes d'un aussi fort effectif, il obtiendrait le même résultat, c'est-à-dire leur refoulement vers le nord, en allant se placer directement sur leur ligne de retraite, tactique qui a toujours réussi avec les Célestes. Il désirait de plus se porter rapidement au milieu même des grosses agglomérations pirates, et profiter de leur surprise, pour les battre séparément avec les trois colonnes réunies. L'objectif était donc tout indiqué : la région située entre *Ha-Giang* et *Bac-Mé*, et en particulier *Na-Sa;* l'itinéraire : la vallée du *Song-Gam,* où précisément venaient d'être installés des centres de ravitaillement.

La concentration dans la région de *Na-Sa* présentait de plus l'avantage d'assurer aux colonnes une double ligne de ravitaillement : *Rivière-Claire* et *Song-Gam,* ce qui pouvait être des plus appréciable, dans le cas où l'une d'elles viendrait à être coupée de la base de ravitaillement.

Cependant les émissaires rendant compte que la région de *Lac-Tho-Xa* était encore sillonnée par de petites bandes, le colonel voulant à la fois s'en débarrasser, et en même temps se couvrir sur son flanc droit, décida que la colonne *Audéoud* remplirait ce double rôle. D'où les ordres suivants :

« Les colonnes n° 1 et n° 2 devront être rassemblées à *Bac-Ken* le 5 janvier au plus tard.

. « La colonne n° 3 quittera *Cho-Ra* le 5 janvier, se dirigera sur

Baï-Chap en dispersant les bandes du *Lac-Tho-Xa* et en se reliant aux colonnes n° 1 et 2, dont elle couvrira le flanc droit. »

Opérations.

La colonne n° 2, avec laquelle marchait l'état-major, quitta *Bac-Ken* le 6 janvier, et fut suivie le lendemain de la colonne n° 1, échelonnement nécessité par la nature même du chemin, simple sentier le long de la vallée, imposant la marche à la file indienne.

Toute cette région était presque inconnue : on ne possédait aucune carte pouvant donner même de simples indications pour la marche ; de plus les pirates occupaient tout le pays. Aussi les plus grandes précautions furent-elles prises pendant la marche et le stationnement. En route, la colonne, en dehors de son avant-garde, était précédée et flanquée de 60 à 80 partisans, véritables chiens de chasse, battant le pays sur une étendue de 2 à 3 kilomètres. Pour plus de sûreté, la veille, des émissaires étaient envoyés fouiller la région que l'on devait traverser le lendemain.

L'artillerie et le convoi étaient fortement encadrés, ce dernier suivi d'une solide arrière-garde ; car, au Tonkin, et surtout dans la région montagneuse, le convoi est la partie faible d'une colonne, l'objectif tout indiqué des pirates, attirés par l'espoir du pillage et sachant bien de plus que sans convoi une colonne est perdue.

Le soir, le camp était formé en carré, le convoi au centre, chaque face se gardant pour son compte, au moyen de petits postes occupant les sentiers, les points dominants à une portée moyenne de fusil 800 à 1000 mètres ; les bandes chinoises n'ayant pas de canons, il était inutile de reporter plus loin le réseau de sûreté.

La nuit : des rondes nombreuses, et sur chaque face un officier ou sous-officier de quart, comme sur un navire ; ce procédé, qui aux colonies a toujours donné de très bons résultats, évite les affolements, les alertes continuelles au moindre coup de fusil.

La vitesse de marche, pendant toute cette première période, ne dépassa guère 3 kilomètres à l'heure.

Le 11 janvier, la deuxième colonne atteignait *Na-Coc* où elle faisait séjour et était rejointe par la colonne n° 1.

Là, le colonel recevait les renseignements suivants :

1° Le colonel *Audéoud* (colonne n° 3) n'avait pu quitter *Cho-Ra* que le 8, et avait atteint *Phia-Ma* le 10, sans avoir rencontré jusque-là les pirates ; il comptait déboucher sur *Baï-Chap* vers le 16.

2° Les bandes qui occupaient la région entre la *Rivière-Claire* et le *Song-Gam* battaient en retraite vers le nord et se concentraient autour de *Coc-Rau*.

3° Le commandant du cercle de *Bac-Quang* les poursuivait avec 250 fusils environ.

Ainsi que nous l'avons vu dans le plan d'opérations, le lieutenant-colonel Vallière désirait concentrer ses trois colonnes à *Na-Sa*, d'où il pourrait se porter successivement contre les divers rassemblements pirates. Il craignit dès lors, qu'en raison du terrain particulièrement coupé, montagneux, couvert de brousse, que présente la région de *Baï-Chap* à *Na-Sa*, la bande de *Coc-Rau* ne l'empêchât de déboucher ou n'allât rejoindre à *Tong-Ba-Xa* les grosses bandes d'A-Coc-Thuong.

Il donna donc l'ordre à la colonne n° 1 « de constituer une sorte d'avant-garde générale qui allait marcher sur *Coc-Rau*, balayer cette région et faciliter le débouché à *Na-Sa* des deux autres colonnes ». Elle quittait le *Na-Coc* le 14 janvier.

Le même jour la colonne n° 2 se mettait également en marche pour *Na-Sa*.

A *Na-Coc* avait été installé un gîte principal d'étapes, pourvu d'une infirmerie-ambulance, et la garde de la ligne de communications entre *Na-Coc* et *Bac-Ken* confiée au chef man *Ly-Zu-Phiem*, homme énergique, exerçant une très grande influence dans le pays, et qui, à maintes reprises, avait infligé de sanglants échecs aux Chinois.

Le 18, la colonne n° 2 atteignit *Na-Sa*, après avoir fait sa jonction le 16 avec la colonne n° 3 à *Baï-Chap*, où elle laissait une garnison.

Pendant ces quelques journées la marche fut des plus pénible, mais ne fut signalée par aucun combat, les pirates battant en retraite et abandonnant les retranchements qu'ils avaient élevés à grand'-peine.

La colonne n⁰ 3 également n'avait rencontré aucune résistance.

Néanmoins, cette battue à travers des régions précédemment occupées par les Chinois, rendait des plus problématique une tentative d'attaque de ces derniers contre nos lignes de communications : *Cho-Ra* et *Bac-Ken*, qui d'ailleurs étaient jalonnées par des garnisons d'étapes très suffisantes.

A *Na-Sa* parvinrent de mauvaises nouvelles :

1⁰ Le commandant du cercle de *Bac-Quang* s'était heurté près de *Tam-Ky* à une forte bande qui l'avait forcé à battre en retraite avec de grosses pertes;

2⁰ La colonne n⁰ 1 avait échoué devant *Coc-Rau*. Après avoir refoulé les pirates dans plusieurs engagements, elle s'était trouvée devant leur repaire, très solidement organisé, et que du canon seul aurait permis d'enlever sans subir de trop fortes pertes. Malheureusement, pour ne pas retarder sa marche dans la région particulièrement difficile qui s'étend entre *Na-Coc* et *Na-Sa*, la colonne n'en avait pas pris.

Mais là n'était pas l'objectif principal : le véritable but de la campagne c'était la dispersion des bandes d'A-Coc-Thuong, le dernier grand chef pirate ; c'était lui qu'il fallait frapper dans ses meilleures et plus nombreuses troupes, c'est-à-dire à *Tong-Ba-Xa*, vers le nord. Aussi le colonel, appliquant à fond le principe de l'économie des forces, y sacrifiant même l'effet moral qu'allait produire cette mesure, donna-t-il l'ordre à la colonne n⁰ 1 de le rejoindre à *Tong-Ba-Xa*, où il voulait donner « le coup de marteau » et par conséquent employer le maximum de ses forces.

Toutefois de nombreux partisans furent laissés dans la région de *Coc-Rau* pour observer le repaire.

Le 20, les colonnes n⁰ˢ 2 et 3 quittaient *Na-Sa* et se dirigeaient sur *Tong-Ba-Xa*.

Elles passaient la nuit en pleine brousse, dans un immense cirque formé de rochers rougeâtres (présage d'un combat prochain disaient les tirailleurs), et le 21 reprenaient leur marche. La colonne n⁰ 2 (*Nouvel*) devait aborder la position ennemie par l'ouest, la colonne n⁰ 3 (*Audéoud*) par le sud, se bornant dans cette première journée à refouler les pirates jusqu'à leur repaire, mais sans essayer de donner l'assaut.

Combats de Khau-Coc (21, 22 et 23 janvier).

Journée du 21 *janvier.* — La colonne principale (*Nouvel*), avec laquelle marchait l'état-major, quittait le *Rocher rouge* au lever du jour et se dirigeait sur *Khau-Coc.*

Vers 11 heures, grande halte à 2 kilomètres environ de la plaine de *Tong-Ba-Xa ;* la marche était reprise à midi. L'avant-garde rencontrait de nombreuses traces de petits postes pirates récemment abandonnés, mais de pirates point.

Vers 2 heures l'on entendait le canon vers l'est, sans doute la colonne Audéoud qui prenait le contact, et bientôt la colonne débouchait dans la plaine de *Khau-Coc.* Le canon s'était tu, le silence le plus complet régnait dans tous les environs.

Le commandant Nouvel recevait l'ordre de se porter avec deux groupes au-delà du *Song-Ma,* et de marcher sur *Khau-Coc,* soutenu par l'artillerie qui venait de prendre position à 1200 mètres de ce village.

A 500 mètres environ de *Khau-Coc,* les deux groupes étaient accueillis par une violente fusillade qui partait non seulement du village, mais de tous les rochers avoisinants. On distinguait même très nettement trois blockhaus solidement campés au milieu des rochers.

L'artillerie ouvrait le feu à son tour et permettait aux deux groupes de progresser légèrement.

A ce moment (4 heures), le commandant Nouvel qui venait d'avoir à repousser sur sa gauche une contre-attaque des pirates, rendait compte qu'il se trouvait en présence de forces importantes et qu'il ne pouvait progresser que difficilement.

Le colonel, qui n'avait reçu aucune nouvelle de la colonne Audéoud, dont le canon s'était tu presque immédiatement, et qui d'autre part, n'avait pas encore à sa disposition la colonne Betboy, bien décidé à ne donner un effort sérieux qu'avec toutes les forces réunies envoyait l'ordre au commandant Nouvel de s'établir solidement en face de la position ennemie, pour y passer sa nuit.

A 250 mètres environ de *Khau-Coc* se trouvaient justement de légères ondulations, dominant les rizières de quelques mètres,

VILLAGE DE LA HAUTE RÉGION

parsemées de boqueteaux, que l'ennemi avait négligé d'occuper
et qui présentaient un point d'appui des plus avantageux.

Les deux groupes du commandant Nouvel s'y portèrent et
l'occupèrent à la nuit tombante.

Ce premier combat nous coûtait 3 tués, dont 1 officier, et
2 blessés.

Emplacements le 21 au soir dans la région de Khau-Coc.

Nuit du 21 au 22. — Vers 8 heures du soir, le groupe Van-
nier, appartenant à la colonne Audéoud, et séparé d'elle dans
l'après-midi, atteignait *Nam-Gié* après avoir contourné par le
nord, sous un feu des plus violent, la position pirate. Il se mettait aussitôt en relations avec le colonel Vallière, et lui annonçait
que la colonne Audéoud, harcelée toute la journée par les pira-

tes, ne pourrait très probablement atteindre *Khau-Coc* que dans la matinée du lendemain.

Pendant toute la nuit grand tapage chez les pirates, à tel point que l'on pût supposer que Luong-Van-Son, leur chef, évacuait le repaire ; mais des émissaires, envoyés le soir même, rapportèrent que le chef pirate, disposant de nombreux fusils, 600 suivant les uns, 800 suivant les autres, et occupant une position excessivement forte, était décidé à se défendre jusqu'au dernier homme et même à nous attaquer dès le jour. En réalité, Luong-Van-Son très alarmé par ces attaques venant de l'est et de l'ouest et surtout par la présence de gros kéchoum (canon), indice de forts effectifs, prenait déjà ses précautions et faisait filer vers la Chine ses impedimenta.

Toutefois, pour bien montrer à ses hommes son intention de se battre, il leur faisait distribuer force victuailles et choum-choum (eau-de-vie chinoise), afin qu'ils pussent célébrer dignement la « Fête du Drapeau », sorte de banquet, tournant assez vite à l'orgie et traditionnel chez les pirates la veille de la bataille.

Et la fête fut en effet dignement célébrée, car de toute la nuit nos troupes ne purent fermer l'œil.

Au reçu de ces différentes nouvelles, le colonel décidait de remettre l'attaque de *Khau-Coc* au surlendemain, afin de pouvoir donner l'assaut avec toutes ses forces réunies.

Journée du 22. — Cette journée fut tout entière consacrée à la préparation de l'attaque du lendemain.

Vers midi, la colonne Audéoud débouchait du sud, et des trams (courriers) de la colonne Betboy annonçaient l'arrivée de cette dernière pour le 23 au matin.

Une reconnaissance détaillée de la position occupée par les Chinois montrait qu'elle était excessivement forte et qu'une attaque de front exposerait à de très grosses pertes, malgré tout l'appui que l'artillerie pourrait prêter aux colonnes d'assaut.

C'était donc sur un des flancs que devait porter le principal effort.

Vers le nord, c'étaient la plaine, les rizières, que les pirates tenaient à bonne portée de fusil ; pas de cheminements pour s'approcher de *Khau-Coc*.

Au sud, des rochers abrupts, en dents de scie, l'ensemble formant un véritable chaos paraissant impraticable, en tout cas ne permettant pas d'y engager de forts effectifs. Néanmoins, faute de mieux, c'est dans cette direction que le colonel donnait l'ordre de chercher un cheminement permettant de menacer la ligne de retraite des pirates.

A la fin de la journée, le capitaine Bulleux, de la colonne Nouvel, rendait compte qu'il se faisait fort de progresser le lendemain dans cette direction, mais très lentement.

Les trois colonnes recevaient les ordres suivants pour l'attaque du lendemain :

I. — La colonne Nouvel attaquera les pirates sur leur flanc gauche.

II. — La colonne Audéoud avec deux groupes mènera le combat de front, les deux autres en réserve, à proximité de la colonne Nouvel.

III. — Dès son arrivée, la colonne Betboy enverra deux détachements assurer les flancs de l'attaque dans les directions nord et sud et un troisième à *Nam-Gié*.

Le reste de la colonne en réserve à la gauche de l'artillerie.

IV. — L'artillerie prendra position à 1200 mètres environ des fortins pirates sur l'emplacement qu'elle occupait déjà le 21.

V. — L'ambulance et le train de combat à 300 mètres en arrière.

VI. — Les convois à la droite de l'ambulance.

VII. — Jusqu'à nouvel ordre le colonel se tiendra près de l'artillerie.

Pendant toute cette journée les pirates, qui eux aussi attendaient des renforts, ne cessèrent de tirailler sur tout ce qui se montrait dans la plaine et tuèrent quelques coolies.

De notre côté personne ne répondit.

Nuit du 22 au 23. — Quelques coups de fusil tirés des fortins pirates ; néanmoins pas d'alerte aux avant-postes. Les émissaires rendaient compte qu'un renfort de 2u0 à 300 fusils, venant de *Ban-Mick*, avaient pénétré dans *Khau-Coc*.

Journée du 23 janvier. — Le colonel attendait l'arrivée de la colonne Betboy pour donner le signal de l'attaque ; la tête apparut vers 11 heures.

A midi l'artillerie ouvrait le feu pour préparer la marche de l'infanterie, et lançait sur *Khau-Coc* et les fortins une véritable rafale d'obus à mitraille et à mélinite.

Les Chinois, blottis dans les rochers, laissaient passer la rafale sans répondre et n'ouvraient le feu que lorsqu'ils voyaient avancer légionnaires et tirailleurs.

La colonne Nouvel progressait péniblement.

Les groupes chargés du combat de front (colonne Audéoud) avaient cependant ouvert un feu violent, pour attirer sur eux l'attention des pirates qui répondaient par une fusillade des plus nourrie.

Néanmoins, depuis plus de deux heures que la lutte était engagée, peu de pertes de notre côté, tirailleurs et légionnaires utilisant très habilement les talus de rizières pour se défiler.

Par contre, du côté des pirates, de nombreux cris ou plutôt des hurlements indiquaient que la mousqueterie et les obus à mitraille faisaient des victimes.

Malheureusement, l'artillerie était obligée de ralentir son feu, les munitions commençant à s'épuiser et le colonel ayant donné l'ordre d'en conserver suffisamment pour la lutte finale.

Enfin, vers 2 h. 3/4 une violente fusillade retentissait vers notre droite sur les rochers boisés : c'était le commandant Nouvel qui venait de couronner les pitons rocheux dominant les fortins ennemis.

Grand désarroi chez les Chinois, violents appels de troupe signalant le danger vers la gauche.

Les chefs de nos différents groupes veulent en profiter pour lancer leurs troupes en avant ; mais, arrivée à 50 mètres des lignes ennemies, notre offensive est arrêtée net par une fusillade terrible. Nos hommes se blottissent dans les rochers et se fusillent avec les pirates.

Il était 4 heures ; la pluie tombait à torrents, le ciel se couvrait de plus en plus, il semblait que la nuit allait bientôt venir ;

EXÉCUTION DE PIRATES

il fallait en finir, et cela d'autant plus que les munitions commençaient à s'épuiser.

L'artillerie recevait l'ordre de lancer ses derniers obus. Aussitôt une violente fusillade éclatait sur toute notre ligne, suivie

Situation le 23 janvier au moment de l'assaut.

de la sonnerie de la charge et bientôt après d'un immense cri « En avant, à la baïonnette ! ».

Les Chinois, dont la retraite était déjà commencée, n'attendirent pas le contact de la baïonnette et s'enfuirent de toutes parts, abandonnant des cadavres dans les fortins et retranchements, fait des plus rare dans les annales de la piraterie et qui témoignait de l'acharnement de la lutte.

A 5 heures, tout était fini et l'on n'entendait plus que la joyeuse sonnerie « Au drapeau » annonçant partout la victoire.

Malheureusement elle était chèrement achetée : nos pertes se montaient à 8 tués, dont 1 officier (lieutenant Fénard), 30 blessés, dont 2 officiers (capitaine Bulleux, lieutenant Garelly).

Si nous nous sommes étendu un peu longuement sur cette affaire de *Khau-Coc*, c'est que nous tenions essentiellement à montrer que, contrairement à l'avis généralement répandu, même dans les expéditions coloniales, il ne suffit pas de se débrouiller et d'aller de l'avant, mais que là encore, comme dans la guerre européenne, toute opération a besoin d'être soigneusement préparée et menée avec méthode.

Dans le combat lui-même on retrouve les phases habituelles : prise de contact par l'avant-garde sautant sur les points d'appui, préparation de l'attaque par l'artillerie qui, pendant toute la durée de la lutte, ne cesse de soutenir son infanterie, et finalement le coup de poing, l'attaque décisive faite là où l'ennemi a montré son point faible.

Opérations secondaires.

Levé du blocus de « Ban-Mick ».

A une journée de marche au nord de *Khau-Coc* était situé un gros village thô, renfermant environ 800 habitants qui, depuis deux mois, étaient assiégés par les Chinois.

Bien que *Coc-Rau* fût maintenant l'objectif tout indiqué, on ne pouvait s'éloigner sans secourir ces malheureux : la colonne Betboy qui avait été peu engagée fut dirigée sur *Ban-Mick*.

En route elle se heurtait à une centaine de Thos, ayant à leur tête le vaillant *Thuong-Van-Tho*, l'âme de la résistance, qui annonçait fièrement au colonel que la veille, entendant le canon, il avait fait une sortie heureuse, en criant « Voilà les Français », et que dans la nuit les Chinois avaient déguerpi.

Prise de « Coc-Rau » (3 février).

Le moment était venu d'attaquer de nouveau *Coc-Rau* que la colonne Betboy, faute d'artillerie, n'avait pût enlever le 19 janvier.

Au dire des émissaires la bande qui occupait le repaire, très nombreuse au début, diminuait tous les jours : aussi le colonel Vallière se contentait-il d'y diriger tout d'abord la colonne Audéoud, la mieux partagée en artillerie, prêt d'ailleurs, en cas de résistance, à la soutenir avec les deux autres colonnes.

Mais le combat de *Khau Coc*, le déblocus de *Ban-Mick* avaient eu un gros retentissement dans la région, et, quand la colonne se présenta, le repaire était évacué (3 février 1896).

On apprit bientôt que la bande s'était dispersée par petits groupes dans les forêts avoisinantes ; mais l'occupation et l'organisation du pays devaient fatalement les faire disparaître. Traqués, en effet, par les partisans, reçus à coups de fusil par les habitants des villages, à qui des armes furent distribuées, se heurtant à des postes installés aux principaux nœuds de communications, les pirates, mourant de faim, ne tardèrent pas à s'enfuir vers le nord.

Prise du massif du « Nui-Ken » (10 février).

Les bandes qui sillonnaient la région comprise entre la *Rivière-Claire* et le *Song-Gam*, après s'être heurtées près de *Tam-Ky* aux troupes du commandant du cercle de *Bac-Quang*, avaient appris l'arrivée à *Na-Sa* de 1700 fusils européens avec de l'artillerie. Craignant d'avoir la retraite coupée vers la Chine, elles avaient rejoint au *Nui-Ken* les deux ex-soumissionnaires Lé-Chi-Tuan et Mac-Qué-An.

Le commandant du cercle de *Ha-Giang*, le commandant Briquelot, renforcé par des troupes de la colonne n° 2 que lui amena le commandant Lyautey, dispersa la bande et lui prit son repaire, sans perdre plus d'une dizaine d'hommes.

Affaire de « Lung-Men ».

Les *Chinois* étaient donc en pleine déroute ; cependant, tout à fait au nord du territoire, on signalait une bande assez forte qui tenait *Lung-Men* depuis plus de trois mois et jetait la désolation dans toute la région.

Le commandant du secteur de *Bac-Lac*, réduit à ses propres forces, n'avait rien pu entreprendre contre elle.

Le 22 février, la colonne Audéoud fut mise en marche contre le repaire de *Lung-Men*.

Là encore on se heurta à des adversaires tenaces qui attendirent de pied ferme les assaillants.

Le plateau de *Lung-Men*, qui domine la vallée du *Song-Bac-Ly* de 1200 mètres, est hérissé de pitons rocheux où les Chinois avaient construit des fortins. Son enlèvement exigea trois jours de manœuvre et de combat, et à un certain moment il fallut hisser le canon à 1400 mètres d'altitude.

Le 27, les pirates évacuaient enfin la position et se retiraient en Chine.

L'affaire du *Lung-Men* mit fin aux opérations ; le colonel Vallière prononça la dis'ocation des colonnes et l'organisation des régions conquises commença.

Résultats des colonnes.

La mission assignée au commandant des colonnes était donc remplie ; les bandes avaient été chassées :

1º Du *Lac-Tho-Xa* ;

2º Du massif montagneux compris entre la *Rivière-Claire* et le *Song-Gam* ;

3º De toute la région s'étendant de *Bao-Lac* à *Ha Giang*.

Pour que le résultat fut complet, il eut fallu atteindre la frontière de Chine, telle qu'elle nous avait été assignée par le traité de Tien-Tsin, c'est-à-dire l'ancienne limite entre la Chine et l'empire d'Annam, qui allait passer au nord du *Dong-Quan*. Mais nos troupes étaient épuisées par ces trois mois de colonne dans des régions sauvages, presque impraticables. où il avait fallu marcher constamment au milieu des forêts et des rochers, et livrer de plus de nombreux combats.

Il n'était pas possible de leur demander un plus grand effort.

D'autre part, tout faisait prévoir que les pirates ne pourraient

ENTRÉE D'UN POSTE DANS LE HAUT-TONKIN

se maintenir longtemps dans le *Dong-Quan* et qu'ils l'évacue-
raient d'eux-mêmes.

Cantonnés sur une aussi faible étendue, les 2,000 à 3,000 vieux
routiers qui s'y étaient réfugiés allaient bientôt constater qu'ils
ne pouvaient continuer à mener leur genre d'existence habituel.
Presque tous étaient d'anciens « pavillons noirs », sorte de dilet-
tanti de la piraterie, habitués depuis une quinzaine d'années à
vivre largement et presque sans rien faire : quelque expédition
de temps à autre, mais, en revanche, grasse nourriture, opium et
choum-choum à discrétion, souvent même des « congaï » (fem-
mes), en attendant que l'on trouve une bonne occasion de vente
en Chine, où l'espèce est relativement rare.

Rien de tout cela dans le *Dong-Quan*, pays couvert de montagnes très élevées, séparées par d'étroites vallées habitées par les
Méos, sortes de sauvages, tirant de la terre juste le nécessaire
et sachant se faire respecter.

Quant à rentrer au Tonkin, avec la nouvelle organisation il
n'y fallait plus songer.

C'est ce qui arriva, en effet ; quelques mois s'étaient à peine
écoulés que les Chinois évacuaient le *Dong-Quan* où nos partisans leur avaient rendu l'existence intolérable.

La piraterie avait vécu au Tonkin.

Organisation des pays conquis.

Dans l'exposé de cette campagne, nous avons fréquemment
parlé de certaine organisation des pays conquis, complément
indispensable des opérations militaires.

Nous ne voulons pas revenir en détail sur cette question, qui
a été exposée par le général Gallieni dans de nombreuses circu-
laires, soit au Tonkin, soit à Madagascar, et tout récemment
encore dans sa brochure : *Trois colonnes au Tonkin*. Nous nous
bornerons à la résumer, pour les quelques camarades qui n'auraient pas eu l'occasion de s'en rendre compte.

Dans toute guerre coloniale, comme dans toute guerre européenne, le premier objectif doit être les forces vives de l'ennemi ;
là, également, l'objectif géographique ne conduit à rien.

Malheureusement, aux colonies il est assez difficile en général de détruire les forces de l'ennemi qui, opérant sous un climat auquel il est habitué, dans un pays qu'il connaît, est particulièrement mobile et, même après une défaite, trouve le moyen de s'échapper.

C'est le cas du Tonkin où, rarement, on est arrivé à détruire matériellement les grosses bandes ; mais on les a démoralisées, dispersées, résultat suffisant si l'on procède immédiatement à l'organisation du pays, ce que malheureusement on a longtemps négligé de faire, d'où la longueur de la lutte.

En quoi consiste cette organisation ?

1º Montrer à la population que l'on a la ferme intention d'occuper définitivement la région, et pour cela y élever des postes donnant l'impression de la durée, c'est-à-dire en maçonnerie ;

2º Construire des voies de communications permettant de se porter rapidement d'un point à un autre : d'abord des routes, ensuite des chemins de fer ;

3º Armer la population, faire de chaque village un véritable petit château-fort, contre lequel viendront s'user les attaques de l'ennemi ;

4º Donner une organisation administrative à toute cette région : divisions en territoires, cercles, secteurs, postes, répondant autant que possible à des divisions administratives indigènes, de façon que le chef militaire, soumis à de fréquentes mutations, ait toujours auprès de lui un chef indigène pour l'éclairer sur les besoins, mœurs et coutumes de ses administrés ;

5º Laisser la plus grande initiative aux officiers commandant ces divisions administratives qui, dans ce cas, endosseront avec plaisir les responsabilités et, au lieu de se « cristalliser » derrière les murs de leurs postes, seront constamment par monts et par vaux, montrant bien ainsi qu'ils sont les maîtres du pays ;

6º Ne laisser que peu de troupes relativement dans les postes, secteurs ou cercles, les concentrer au chef-lieu du territoire, où elles constituent des colonnes mobiles, toutes prêtes à opérer dès qu'un rassemblement ennemi commence à se former.

En résumé, d'une façon générale, tout ce que peuvent faire les colonnes c'est de détruire les bandes, en tant qu'agglomérations ; mais ces bandes, une fois fractionnées, peuvent rester dans le pays ; l'effet utile des colonnes n'est donc complet que lorsque le séjour a été rendu impossible à ces petits groupes, c'est-à-dire quand la région a été organisée.

Cette méthode a fait ses preuves au Tonkin et plus récemment encore à Madagascar.

Enseignements à tirer de ces colonnes au point de vue militaire.

Nous avons signalé rapidement dans le cours de ce récit quelle avait été la tactique de marche, de stationnement et de combat employée dans cette campagne. Nous n'y reviendrons pas, mais terminerons par quelques considérations qui présentent un certain intérêt surtout au point de vue guerre coloniale.

1° *Emploi du canon de 80ᵐᵐ (ou de tout autre calibre réduit) dans les régions montgneuses analogues à celles du haut « Tonkin ».* — Nous avons eu assez souvent l'occasion d'entendre certains officiers s'élever contre l'emploi du canon dans les régions aussi montagneuses que celles du haut Tonkin.

Ils prétendaient que le canon ne pouvait passer partout, qu'il constituait de plus un gros embarras, nécessitant un nombre considérable de coolies, pour porter non seulement le matériel mais aussi les munitions, coolies qu'il fallait nourrir, alors que la ration généralement est des plus réduite ; enfin que l'ensemble occasionnait encore un allongement considérable de la colonne déjà répartie sur une trop grande étendue.

Ces arguments sont justes en partie, mais les inconvénients signalés ne sont pas en rapport avec les avantages obtenus.

En premier lieu le canon de 80ᵐᵐ passe partout, même dans les cols les plus rocheux où des mulets ne pourraient s'aventurer ; il suffit de démonter complètement les différentes parties de la pièce, et de les placer sur des cadres en bambou (ou bois analogue), brancard présentant le grand avantage d'être à la fois très léger et très facile à remplacer.

Seul le canon proprement dit, en raison de son poids considérable (100 kilogr.), nécessite dans certains passages des précautions particulières : mais l'industrie est arrivée à fabriquer des pièces de montagne à canon démontable ce qui supprime cet inconvénient.

Les effets de nos obus ordinaires sont très suffisants contre les retranchements en terre ou en pisé ; quant à l'obus à mitraille, il a des effets d'autant plus meurtriers que, en pays de montagne, l'artillerie arrive presque toujours à se mettre en batterie entre 1000 et 1500 mètres, distance de tir des plus favorable.

Enfin, et c'est là le point capital, le canon dans la guerre coloniale, en dehors de ses effets meurtriers, joue encore un autre rôle bien plus important : il évite de grosses pertes en hommes.

Ainsi dans cette affaire de *Khau-Coc* il est certain que sans la rafale de projectiles qu'ils subirent, les Chinois de Luong-Van-Son n'auraient certainement pas évacué la position avant la nuit, et l'assaut nous eût coûté beaucoup plus cher.

Or, quand un commandant de colonnes se trouve à un mois de marche de sa base d'opérations et qu'il ne peut compter sur aucun renfort, toute question sentimentale mise de côté, il est assez compréhensible que la vie de ses hommes lui soit doublement précieuse.

Nous pourrions ajouter, qu'au point de vue tactique, le canon permet d'opposer à l'ennemi deux armes contre une, ce qui supplée très souvent au nombre et en général assure le succès.

2º *La baïonnette.* — « La balle est folle, la baïonnette seule est sage », a dit Souvarow ; mais cet aphorisme, en admettant même qu'il ait été prononcé, date de l'époque où les fusils portaient à 100 mètres et se chargeaient par la bouche.

Actuellement nous avons des fusils à répétition ; les conditions de l'attaque et de la défense ont donc bien changé, et il est certain que la puissance du feu augmentant, l'effet de la baïonnette diminue. Les Russes d'ailleurs, à Sébastopol et surtout à Plewna, ont pu constater à leurs dépens ce que leur coûtait leur fol entêtement pour les attaques à l'arme blanche.

Est-ce à dire que l'on doive supprimer la baïonnette, ce qui allègerait la charge de l'homme et permettrait d'augmenter d'autant le nombre des cartouches. Aucune puissance européenne, dans la transformation de son armement n'y a pensé ; la plupart se sont contentées de diminuer son poids, en la raccourcissant et en l'évidant.

ARTILLERIE EN MARCHE

L'APPEL DES COOLIES

Aux colonies, et contre des adversaires qui ne s'en servent pas, la baïonnette produit un effet considérable. Ainsi dans ce combat de *Khau-Coc*, à la fin de la journée, les adversaires, à 20 mètres les uns des autres, se fusillaient dans les rochers depuis plus d'une heure ; tout homme qui se montrait était un homme mort.

L'artillerie, en raison d'une prise de contact aussi rapprochée, ne pouvait bien entendu plus agir : la situation menaçait de s'éterniser quand le cri de « A la baïonnette ! » et son apparition soudaine jeta un véritable affolement chez les Chinois qui déguerpirent aussitôt.

Tout récemment d'ailleurs, au Transvaal, les Anglais ont attribué les quelques succès qu'ils ont remportés, à leurs charges à la baïonnette.

Certains aussi ont prétendu que la puissance des armes à répétition et les rafales des canons à tir rapide rendraient beaucoup plus fréquents, dans la prochaine guerre, les combats de nuit et que l'axiome de Souvarow reprendrait dès lors toute sa valeur. Mais il n'est même pas besoin de recourir aux combats de nuit ; nous sommes convaincu que, grâce au canon à tir rapide, à ses shrapnels et aux nouveaux procédés tactiques de l'artillerie dans cette phase du combat, les troupes d'attaque pourront encore s'approcher à 200 et 300 mètres. A cette distance la baïonnette reprend toute son importance.

Ainsi donc cette arme si offensive, si française, est appelée à jouer encore un certain rôle ; espérons que nous saurons nous en servir aussi brillamment que nos aînés.

3° *Formations de l'infanterie dans la zone de la mort (à partir de 800 mètres)*. — Dans la première journée de *Khau-Coc*, les troupes de la colonne Nouvel eurent précisément à franchir cette zone de la mort, comme l'ont appelée les Russes après Plewna. Le terrain, sans être complètement plat, se présentait sous la forme d'une vaste plaine, couverte de rizières, séparées les unes des autres par des talus. Légionnaires et tirailleurs se déployèrent sous le feu et tout naturellement se formèrent en ligne, derrière les talus des rizières.

Devaient-ils faire un bond ? Le chef de section envoyait un gradé au nouvel emplacement, puis tous les hommes, à la file indienne, courbés en deux, rasant le sol le plus possible, se portaient en avant et se jetaient bien vite derrière le talus. Pendant ce temps les autres sections continuaient le feu, pour faciliter ce mouvement, puis à leur tour se portaient en avant, protégées par le feu des échelons déjà établis.

Depuis quelques années on entend beaucoup parler d'essaims, de volées de moineaux et de formations plus ou moins bizarres, de coups de sifflet réglant sous les balles la marche et même le nombre de pas des tirailleurs. Mais la guerre, au fond, ne change pas et doit être basée avant tout sur le bon sens. Il se peut que, en présence des rafales du fusil à répétition et du canon à tir rapide, les assaillants aient beaucoup de mal à progresser ; d'autre part, il se peut aussi que les rideaux de fumée produits par les nouveaux shrapnels rendent cette marche en avant plus facile ; quoi qu'il en soit, s'ils doivent avancer, ils le feront comme ont fait leurs devanciers, recevant des balles ils voudront en renvoyer, et pour cela n'iront pas se mettre les uns derrière les autres, mais bien *à côté*, c'est-à-dire *en ligne*.

Jusqu'à 700 ou 800 mètres, c'est autre chose : l'infanterie ouvrira rarement le feu avant cette distance ; on cherchera donc uniquement à prendre des formations évitant des pertes. Nos petites colonnes par le flanc ont résolu la question au double point de vue du commandement et de la vulnérabilité.

4° *Le fusil 86 aux colonies.* — Dans ces colonnes, les légionnaires étaient armés du 86, les tirailleurs, de la carabine 74. Quant aux pirates, à de très rares exceptions près, ils étaient pourvus des mannlicher à répétition provenant en général de ces fameux 12,000 fusils que Thuyet, l'ex-régent d'Annam, l'âme de la piraterie au *Tonkin*, avait achetés à Hong-Kong pour armer les bandes.

Au point de vue armement, les tirailleurs se trouvaient dans une situation inférieure vis-à-vis des Chinois ; depuis on y a remédié en leur donnant la carabine 86.

Est-ce à dire que dans ces régions montagneuses de la Chine l'arme à répétition donne un grand avantage aux combattants ? Moral surtout ; il est évident que le soldat, ayant entre les mains une arme coup par coup, et sachant que son adversaire possède une arme à répétition, se croira inférieur à ce dernier au point de vue armement.

Qu'on lui donne donc cette arme à répétition, mais en n'utilisant le magasin ou le chargeur que le plus rarement possible. Dans ce genre de campagne, en effet, le ravitaillement en munitions est assez difficile ; les convois pour le transport des vivres sont déjà très longs, on ne saurait les allourdir davantage. Or, si on laisse l'homme se servir du magasin ou du chargeur, les 140 cartouches seront bien vite consommées. Combien de fois avons-nous entendu les chefs de section défendre à leurs hommes de se servir du magasin, se rappelant les nombreuses affaires où l'on avait été à court de munitions ?

Le 86, bien que le plus ancien des fusils à répétition et par cela même paraissant actuellement un peu démodé, n'en est pas moins considéré, aux colonies, comme une arme excellente et dont, jusqu'ici, à tous points de vue, on n'a eu qu'à se louer.

Pour charger le magasin, il faut en effet un temps assez long, si bien que l'homme ne peut l'utiliser que sur l'ordre de ses chefs (contrairement au règlement, on ne faisait presque jamais approvisionner avant le combat); on évite ainsi le gaspillage des munitions qui, dans certaines circonstances, peut conduire au désastre.

5° *Batteries de* 86. — Nous avons montré précédemment que, contrairement à une idée fausse assez répandue, le canon, dans les régions montagneuses, rendait les plus grands services, en admettant même qu'il ne servit qu'à éviter de grosses pertes.

A défaut de canons, nous avons vu dans des colonnes précédentes, et même dans les colonnes du Nord, employer certain procédé qui, sans remplacer évidemment l'artillerie, du moins y suppléait en partie, c'est ce que nous appelions les batteries de 86.

Pour soutenir les troupes d'attaque, des sections étaient placées à 1200 et même jusqu'à 1500 mètres de la position pirate, en des points ayant des vues suffisantes, les hommes tirant à genou, le fusil appuyé sur des branches d'arbre abattues, ou sur un étai quelconque, l'officier réglant le tir quelquefois au moyen d'un télémètre, mais le plus souvent d'après l'observation des coups.

Les pirates, avares de leurs munitions, très occupés de plus par l'attaque qui approchait, répondaient rarement à ces feux, si bien que nos troupiers, ne recevant pas de plomb, l'arme bien appuyée, tiraient comme dans un champ de tir. Plusieurs fois, la position enlevée, il nous a été donné de constater les résultats ; sans parler des cadavres, des nombreuses tâches de sang, les rochers, les arbres, le terrain portaient trace de groupements vraiment extraordinaires.

Même dans la guerre européenne, il pourra se présenter des cas où des fractions d'infanterie auront à appuyer de leurs feux d'autres troupes se portant à l'attaque (notamment quand les cheminements feront défaut) ; l'organisation de batteries de 86 est très rapide et donnerait certainement des résultats, à condition, bien entendu, que les hommes n'aient pas à subir un feu violent de l'adversaire.

Ce serait là une excellente application du feu de salve, si en honneur dans notre armée il y a quelques années, si honnis aujourd'hui, et qui, cependant, dans certaines circonstances comme celles-ci, peut donner des résultats très appréciables.

Paris. — Impr. R. CHAPELOT et Cᵒ, 2, rue Christine.

PARIS. — IMPRIMERIE R. CHAPELOT ET C⁰, 2, RUE CHRISTINE.